봄날의 한 호흡

문학의전당 · 시인선 124
봄날의 한 호흡

ⓒ 최정아 2011

초판인쇄 2011년 12월 24일
초판발행 2011년 12월 30일

지 은 이 최정아
펴 낸 이 김충규
펴 낸 곳 문학의전당
출판등록 제387-2003-00048호(2003년 9월 8일)

주   소 420-752 경기 부천시 원미구 상동 392 한아름마을 1511-1603
편 집 실 121-718 서울시 마포구 공덕2동 404 풍림VIP빌딩 413호
전화번호 02-852-1977
팩시밀리 02-852-1978
전자우편 mhjd2003@naver.com
블 로 그 http://blog.naver.com/mhjd2003

I S B N 978-89-97176-15-1 03810

*이 책은 2011년 전라북도 문예진흥기금 일부를 지원받아 제작되었습니다.
*이 책의 판권은 지은이와 문학의전당 에 있습니다.
*양측의 서면 동의 없는 무단 전재 및 복제를 금합니다.
*잘못된 책은 바꿔드립니다.

봄날의 한 호흡

최정아 시집

문학의전당

| 시인의 말 |

혼자일 때 시가 찾아왔다.

지나온 삶은 몇 권의 상처,
시는 상처에 바르는 연고 같았다.

숨구멍이던 시를 붙잡고
내 안에 가득 찬 영혼의 소리를
두 번째,
기록했다.

오래 지켜봐 준
가족들에게 시집을 바치고 싶다.

| 차례 |

1부 뒤뜰

13 | 냄비
14 | 문어발
16 | 오월에는 입이 열린다
18 | 바람의 세공
20 | 개미를 따라가다
22 | 뒤뜰
23 | 파지
24 | 작은 종
25 | 파도를 읽다
26 | 주름치마
28 | 비웅도
30 | 연못의 딸
32 | 분리수거
34 | 장이 서다
36 | 배롱꽃 피는 계절
37 | 가문
38 | 물비늘

2부 애기똥풀꽃

41 | 애기똥풀꽃
42 | 세상의 모든 겨울은
43 | 이유
44 | 민달팽이, 당신
46 | 방생
47 | 봄 마중
48 | 풀벌레에게 주는 말
50 | 낙타 부부
51 | 하나의 버튼
52 | 變心
54 | 구름으로 하여
56 | 봄, 불
57 | 달인
58 | 수수목
59 | 복사기
60 | 상상화는 지는데
61 | 꽁초

3부　둥근 집

65 ｜ 바겐세일
66 ｜ 둥근 집
68 ｜ 안개비
70 ｜ 살구꽃
71 ｜ 서랍 1
72 ｜ 서랍 2
73 ｜ 서랍 3
74 ｜ 못
76 ｜ 푸른 바다에게 고함
77 ｜ 겨울 편지
78 ｜ 가을의 날개
80 ｜ 접착제
81 ｜ 만기해제
82 ｜ 오래전 나의 집
83 ｜ 낙타
84 ｜ 고집
86 ｜ 금낭화

4부 위험한 노출

89 | 폐경
90 | 무당거미
91 | 위험한 노출
92 | 지구를 열다
93 | 부화
94 | 무죄
96 | 배경이 되다
98 | 소 4
100 | 소 9
102 | 손
103 | 탐색하다
104 | 지금은 접속 중
105 | 물기를 짜다
106 | 따스한 관계
108 | 가스레인지
109 | 개미
110 | 배추밭에서

111 | 해설_마경덕
      붉은 상처 위에 꽃을 꽂다

1부
...
뒤뜰

냄비

한낮이 달아오른다
폐지로 가득한 리어카에 노인이 매달렸다
낡은 리어카는 노인의 밥 냄비
방울방울 흐르는 땀으로 밥을 짓는 중이다
오르막길에서는
거듭, 입 밖으로 김이 뿜어져 나온다
쉽게 끓어오르는 양은냄비처럼
뜸들이지 못한 노인의 꿈은 금세 식어버리고
허기로 가득 찬 냄비 속
접힌 상자와 폐품이 들썩들썩 바퀴를 따라 구른다
머리 위로 날아가는 제트기 소음에
숨은 더 가빠오고 뒤따르는 바퀴자국처럼
하늘에 두 갈래의 길이 생겼다
잡지 못할 길은 아득하고
넘어야 할 언덕은 코앞에 있다
한 그릇 밥이 될 폐지들이 굽은 등을 다독인다
쇄골 깊숙이 지친 숨이 고인다
목구멍이 뜨겁다

문어발

직립을 꿈꾼 적이 있어
전봇대를 택했는지도 모른다
누군가 다리 하나를 북 찢어간다

피아노 전공, 수학 전공,
의과대학 휴학 중이라는 서술형 문장들이
갓 부화한 물고기처럼 위태롭게 꿈틀댄다
마른 촉수 빨판에서
핏발선 동공 깜박이고

먹물 같은 가문의 명예는 옛말
진부한 표현으로 전락했다
관심 없다는 듯 지나가는 인기척에
한치 앞 시야마저 어둑한데
달빛에 반사되어 반짝이는 가로수 잎사귀들

절망은 빠져나올 수 없는 수렁 같아
빛으로 출렁이는 세상 자꾸 뒤척이는데
문어의 흡반처럼 필사적인 전단지들
"폐업 정리" "치매 노인 찾습니다" "강아지 찾습니다"

밀착의 힘으로 밤바다도 헤엄쳐보는 게다
허공 어딘가에 주파수를 맞추는
다리 잘린 몸뚱이들
속울음 삭인 듯 귀가 쫑긋하다

오월에는 입이 열린다

쌀을 넣고 물을 붓는 순간
압력솥엔 함구령이 내려진다
미세한 공기 유입도 허용하지 않고
굳게 다물어야 하는 입술
가스 불이 작심한 듯 열을 올린다
팽창된 내부에서 보내온 반응
무심하던 추가 흔들리는데
입 다물고 피는 꽃 어디에도 없다고
뒷산 아카시아 펑펑 터진다
먼 산 떼바람에도 입 꼭 닫고 있더니
따스운 바람에 꽃이 열린다
눈감아도 환해 오는 꽃향기
밥상에 둘러앉은 아이들같이
수저 들고 잉잉 배불리는 꿀벌들
초록 배경 에둘러
나무의 쟁쟁한 이력에 허리통 굵어진다
하다못해 땅바닥에 질펀한 광대나물까지
살아 있는 모두 흥미로운 밥상
머리 위로 날아가는 새의 붉은 부리에도
걸판진 밥상은 차려지고

꽃이 밥이 되는 이제
도처에 널린 꽃멀미, 오월이다

바람의 세공

창문이 덜컹거립니다
꽃사과나무 아래 앉았던 바람이 무릎을 폅니다
일을 시작하려나 봅니다
두들기고, 당기고,
점점 거칠어지는 풀무질 소리
계절의 첫 자락이 팽팽해집니다
내 머리카락마저 세공하려는 바람의 손길에 끌려
나는 꽃사과나무 아래 앉아봅니다
꽃피는 봄날 온다던 엄마는 바람이 여물어도
돌아오지 않고
그동안 써놓은 이력서가 뿌리처럼 깊습니다
오래된 기억을 마저 다듬어봅니다
불린 쌀에는 밥물이 얼마
배추 몇 포기면 소금이 얼마
내가 그동안 세공한 내용들입니다
경력란에는 죽어 썩어질 몸이라고
일러준 대로 적었는데
엄마는 썩지 않고 살아 있습니다
죽은 척 꿈쩍 않던 꽃사과나무가
바람이 걸어준 보석을 뽐내며 살아나듯 말입니다

당기고 두들겨 빚은 오색 빛깔이
내 몸 곳곳에서 나를 일으켜 세웁니다

개미를 따라가다

개미굴의 문은
두껍고 단단한 양장본이었다
거처는 토굴처럼 깊고 은밀했다
"목차를 따라 가세요"
끝없이 펼쳐진 길 겹겹이 난전이다
살찐 여왕개미가 단락의 첫머리를 안내했다
일개미들로 꿈틀대는 페이지
서로에게 힘이 되는 이음절의 연결고리들
먹잇감은 종결어미에 있었다
일터에서 돌아오는 골목길 수은등처럼
쫙 그어놓은 형광펜 자국
누군가 그들의 부지런한 습관을 본떠 간 모양이다
까맣게 그을린 종아리의 근육질
행간은 경계 신호를 주고받는 비밀통로였다
잘록한 허리로는, 넘볼 수 없는 성벽
나는 가끔 그들에게 눈을 바친다
눈을 뺏긴 머릿속은
줄줄이 흐르는 단맛에 포식자가 되다
개미굴에서 후식은 무게보다 질량이 으뜸이다
얼마 전 여왕개미 허물을 삼킨 탓에

나는 밤마다 일개미들의 노예가 되는 꿈을 꾼다
삐거덕, 성문이 닫히는 순간
서둘러 곤한 잠에 든다
모든 길은 개미굴로부터 시작되었다

뒤뜰

뒷문 밖엔 이마 서늘한 그늘이 산다
저 늙고 병든 짐승
윙윙 댓잎같이 날 선 바람을
사철 등에 업고 산다
한나절도 못되어 슬금슬금 뒷걸음쳐
구석까지 밀려나 바싹 엎드린다
어둑발 들이치기 무섭게 몸져 누워버린
발톱은 늘 축축하다
마흔 해도 더
싸리꽃잎처럼 붉은 송아지 울음을,
자욱이 깔리는 저녁연기를, 사랑하면서도
한 발짝도 나서지 못해 괴괴한
열사흘 달빛에 곤두서는 털가죽
앞마당 가득 출렁이는 햇살은
뒤뜰에 엎드린 짐승의 뜨거운 입김이다

파지

어항 속 물고기들
알록달록 몸으로 글씨를 쓴다
붉은 꼬리로 긋는 밑줄
모음과 자음 이리저리 맞추며 쉼 없이 써내려간다
구겨진 파지들이 뽀글뽀글
수면 위로 떠오른다

몇날 며칠 바라보아도
해독하지 못해 퉁퉁 불은 글씨들,
불립문자들이 물 위에 떠있다
생을 떠받치고 있는 부력
가까이 다가서는 순간
써놓은 글자들이 와르르 흩어져도
또 백지를 꺼내든다

자면서도 눈을 뜨고 글자를 읽는
물고기의 지느러미 펜촉
생각을 쓴다는 것은
세상을 향해 파지를 던지는 일
어항 속 물고기가 감은 눈을 뜨게 한다

작은 종

개나리 가지마다
갓 깨어난 부리들, 짹짹
휘어질 듯 소란하다
저 노랗고 뾰족한 입
바람의 체온에 부화한 저 어린 새들
겨울밤 아주 작은 종을 매달아 놓고 멀리 간 바람이
되돌아와 종을 흔들고 있다
허공에서 들려오는 무수한 소리들
껍질을 깨고 나오는 저 짹짹거림이
봄볕에 입을 벌리는 새들의
유전자 때문이라 말하기엔 아직 이른 봄이다
파릇파릇 깃털이 나면 날아가버릴 새 떼
봄비를 부르면 빗방울이
노랗게 물들 것이다
나는 손바닥에 햇살 한 줌 받아
노란 부리 가까이 내밀어본다
오종종 걸린 종을 흔들어보고 싶은 봄날이다

파도를 읽다

파란색 물감에 흰색이 섞여 있다
저 메밀꽃처럼 일어나는
주머니 가득한 거품을 꺼내
해변 가 절벽에 일필휘지 갈겨쓰고
페이지를 넘기느라 바다는 숨이 차다

제법 달필이 되어가는 동안
지구는 기우뚱, 낮달이 뜨고
또 기우뚱,
어둠은 밤을 끌고 와 침대에 눕는다

바다와 파도 사이에 책갈피처럼
끼어 있는 섬

하늘은 별들이 헤엄치는 또 다른 바다 같아
섬은 자꾸만 하늘로 오르려고 몸을 부풀린다

파도, 물의 **뼈**를 세워 너울춤을 추는데
노을빛 바다 그저
바다의 껍질일 뿐이라고 읽는다

주름치마

기계주름이었죠
물방울무늬, 세로줄무늬, 풀리지 않고 아무 데나 잘 어울리는
때론 민무늬, 민소매도 격이 맞는 치마였죠

다림질을 했죠. 지우고 싶은 기억 뭐 없나?
뭉긋이 눌러 접은 주름이
달동네로 올라가는 계단 같았죠
한 계단 한 계단 올라가면
오래전부터 거기 살고 있는
거친 숨소리가 들리죠. 마지막 계단
달빛이 내려와 쌓이는 꼭대기집
치맛말기처럼 아랫집들의 허리를 포개 안고 있죠
바닷가 저녁노을 같은 인어치마를 꿈꿔본 적도 있지만
짓물러 생긴 흉터 같은 거, 잊고 싶은 기억 같은 거
다림질로 꾹꾹 눌러 주름을 잡았죠
오늘은 파란색 민무늬 셔츠를 입기로 했죠
뭉게구름 두어 숟갈 곱게 떠
양 가슴에 주머니를 달기로 했죠
그리고 구름처럼 흘러가는 나를 바라보았죠
사람들은 모르죠. 주름치마가

상처를 숨기기에 안성맞춤이라는 걸

비응도

고깃배 예닐곱 척 품안에 두고
새처럼 깃발을 펄럭인다

껍질을 깨고
수평선 바라보는 눈빛
박차오를 듯 푸른빛이다

바다와 하늘 사이는 바람의 통로
우리 모두는 날아오르기를 꿈꾸는 새
물결은
바람의 지문으로 출렁인다

기꺼운 비린내의 깃털
콕, 쪼면
밑바닥 슬픔마저도 찍어낼 듯

뭇, 밀려오는 흰 거품들
썩은 비늘처럼 툭툭 털어내는데
저녁노을 후드득 떨어져
온통 붉은 깃이다

누군가 반짝이는 눈으로
땅에 버려진 그늘을 접고 떠난다

연못의 딸

무심히 걷다 연못의 마른 입술을 보았다
비 한 방울 오지 않아
해산 후 뒷물 흘리던 자궁도 닫힌 지 오래
만삭의 몸에서 내가 태어나고
혼절했다던 엄마

오래전 누룽지로 배 불리던
내 뒷모습에 축축이 젖어버린 눈가
빗방울에 묻어 두런두런 쏟아내던 속엣말
내 붉은 혀로 닦아주지도 못했다

멀리 뻐꾹새 울음도 삼키고
회오리바람마저 삼켜
파랗게 일렁이던 주름살
연못은
내가 평생을 얼굴 비쳐보는 거울이다

멀리 입양 가는 아기를 바라보는
미혼모 눈빛 같은 블루홀
하늘의 뜨거운 입김에 목이 탄다

언제부터인가 나는
허연 뼈로 압축된 엄마를 알아보았다

분리수거

화요일, 아파트 한켠은 종이무덤으로 수북하다
알맹이가 빠져나가고 접혀지고 찌그러진 것들이
끼리끼리 봉분을 쌓는다

사과 몇 알의 이력이거나
감자의 전생이 읽히는 흙 묻은 죽음들,
바다를 담았던 스티로폼도
결국 한 삽의 흙일 뿐이다

꺾인 날개로 보아 내장까지 다 비운
허허로운 죽음들
햇살도 웅성웅성 예를 다한다

속도를 이탈한 여러 권의 책들,
무덤 위에 솟은 억새처럼 고고한
표지들, 우르르
쏟아지려는 활자를 꽉 깨물고 있다

아파트에 잠시 머물렀던 기억을 지우고
부활을 꿈꾸는 것들

남은 생을 분리해줄 누군가가 다가온다
정오 무렵,
집게차 소리 요란하다

장이 서다

움직이는 자만이 살아 있다

땅속 어둠을 먹고
먼 모래밭 걸어와 난전을 여는 개미들

질끈 동인 허리에 삶이 있다고
풀밭은 물 좋은 바다일 뿐이라고
때론 날카로운 풀잎에 몸을 베어도
모래톱 펼쳐놓은 좌판에는
꽉 움켜쥔 먹이가 놓여 있다

통째로 끌고 가는 기나긴 행렬
도무지 틈이 없는 곳으로 길을 내는
개미들의 본능이
짓물렀다 나은 팔뚝의 흉터 같다

서로의 어깨 부딪치며 존재를 확인하는 개미들
대장간 망치소리도,
떨이를 외치는
어물전 할멈의 쉰 목소리에도

더워지는 장터
모래바람이 뜨겁다

배롱꽃 피는 계절

저만큼 우물가의 집, 이맘때 지병이 도졌는지 사내는 겨우내 묵었던 세간을 던지기 시작한다. 어미도, 누이도 이마에 툭툭 불거진 피멍울 불온딱지 같아 오뉴월 햇살도 눈을 감는다. 빗방울과 빗방울 겹쳐 흐르는 샛강까지 닿은 저 사내의 뿌리 깊어 천둥소리도 나눗셈 그 몫처럼 작기만 하고, 바람은 어느새 공통분모가 되어 살랑거린다. 가문 대대로 상처를 끌어안고 잠들었다는 영혼, 석 달 열흘 식구들 이마에 검은 딱지 앉기 무섭게 피멍을 들이는 사내의 지병이 이 계절에 다시 도진다. 멀리서 보면 물 긷는 여자 손에서 붉은점팔랑나비가 종일 접었던 날개를 펴 천천히 날아오른 것 같다. 누군가 우물가를 지나며 매끄러운 그 몸에 손을 얹고 영혼이 가벼워지기를 빌기도 하고, 상처로 상처를 품기도 한다. 깜깜하고 깊은 목젖 푸른 나뭇가지 하나가 나를 어루만진 것도 그때쯤, 꽃은 꽃끼리 힘이 되는 법, 흉터에서 꽃이 핀다. 새벽잠 없는 엄마 물동이에 꽃잎 한 장을 띄워 돌아오고, 상처 위에 또 꽃 피우는 저 나무의 일이 서럽도록 곱게 빛나는 밤, 배롱꽃에서 엄마 냄새가 난다. 꽃그늘이 나를 살린다.

가문

참 기막힌 노릇

열십자로 쪼개어 고추밭에 세우다니
소한 뒷바람에 비파를 뜯어
아랫마을 소래댁 병든 머리맡에 바치던 대나무
괴괴한 달밤, 온몸 후려치던 죽비소리,

멀리 떠나왔어도 살아 있는 가문의 **뼈대**
집안이 망해도 삼대를 간다는 대나무의 고집에
고추밭이 퍼렇다

구부렸던 고추 모와 팽팽한 줄다리기
생의 마지막에 꽃 핀다는 대나무
쪼개어진 몸 뒤척일 때면
댓잎처럼 고춧잎이 팔랑거렸다

멀리서 보면 한 몸으로 보일
고추모와 지지대 사이
문득 가을이 내려앉아도
꿈쩍 않고 **뼈대**를 세우고 있다

물비늘

사월이 왔다고 소리치는 애야
섶다리 아래
꿈틀대는 강물을 보렴

어젯밤 식구들의 털옷 덤불 속에 개어두고
이른 아침 물을 쪼는 비둘기 눈을 보렴

사월 꽃그늘에 누운 애야
허공으로 길을 내는 느티나무도
잡다 놓친 물고기의 싱싱한 아가미 같아
푸른 내장을 가진 물고기 같아

목련나무 아래 흙 묻은 신발들과
디딤돌 올라서 돌개바람 맞서는 산벚꽃잎도
오래전에 던져둔 그물 속 비늘 같아

호주머니 손 내밀어보렴
저 물비늘의 빠른 걸음,
봄볕보다 더 눈부신 강의 속살엔
어디엔가 감춰진 뼈가 있을 것 같아

2부

애기똥풀꽃

애기똥풀꽃

봄볕에 안겨
곤히 잠든 애기

기저귀 속 노오란 똥 한 줌 차고
발가락 꼬물거린다

바람 불어 흔들리다 배시시 웃음 짓는
저 풀 한 포기

애기똥풀꽃이라니,

봄날의 하루가
한 호흡이 되는 애기의 볼에
잔바람이 불어

또 배냇짓이다

세상의 모든 겨울은

바람의 꼬리에서 자란다
무럭무럭 말을 타고
강을 건너 초원으로 뛰어가는 얼룩말 무리처럼
힘차게 달린다 창이 덜컹거리고
눈이 내린다 신발 속에 투신한 몇 송이 눈발이나
강철 검을 들고 소나무 숲에 나타난 달빛이나
털끝이 송연하기는 마찬가지
간밤에 달려온 얼룩말 떼가
빈 들녘에 쓰러져 있다고
아침 햇살이 창문을 두드린다
뒤척일 수도 없는 들판의 얼룩무늬
오늘 밤 어디론가 또 달릴 것이다
뒤꼍에 묻어둔 항아리는
살얼음을 뼛속에 새기는 중이다
바람의 피를 먹고 더욱 시푸른 대나무 숲
잠들지 못한 여인의 귀에 풀무질이다
세상의 모든 겨울은
하늘 끝 낭떠러지와도 대적하느라
작두 날 같은 햇볕을 주섬주섬 줍는다

이유

 넝쿨장미가 아파트 난간을 타고 올라간다. 꽃이 피기까지 그들은 바닥을 이유 삼아 발을 내딛는다. 날마다 밥상에 차려지는 이유들, 수저를 들기도 전 내 서늘한 심장을 타고 오르는 넝쿨들, 저 차가운 금속성의 방범창을 연한 숨으로 건너간다. 바깥은 늘 차디찬 금속성의 위태로운 길, 여름에 다다르면 바닥이 보이지 않을 것이다. 담배를 물고 먼 산에 한숨을 뿌리던 그녀가 남긴 앞섶의 불총 구멍처럼, 종국엔 아무도 몰라보며 예, 예, 하던 그녀의 심장처럼 붉은 꽃들이 피어난다. 땅속 깊은 곳 서로 뒤엉켜 팽팽한 뿌리들, 난간을 휘감는 꽃봉오리에서 밀착의 힘을 보았다. 쇠붙이에 연한 몸을 밀어붙이는 순간, 나는 쉽게 꽃이라고 부르지만 그들은 항불안제 같은 이슬을 날마다 한 움큼씩 삼켰을 것이다. 끝이 보이지 않는 곳으로 내뻗는 가느다란 숨, 내 안에서도 들린다

민달팽이, 당신

사나흘 비가 내린 뒷날이었어요
민달팽이 한 마리가
하수구를 타고 올라왔어요
언젠가 등산 길 초입에서 고무바지를 걸치고
땅이 닳도록 기어가던 그 사람 같았어요
머리에 떨어지는 이파리 하나도
그에겐 그늘이었으니까요
노을빛 뉘엿대는 산울림처럼 뽕짝노래를 틀어놓고
흔적만 남은 등산화 뒤꿈치를 따라
팔을 저으며 배밀이를 하던 그 사람
7층까지 올라와 버텨보는 생의 징징거림
애벌레처럼 등을 구부렸다 펴는
끈적끈적한 체액
한나절 밀어올린 하늘이 노랗게
정맥을 타고 흘렀어요
두 발이 있었다면 멀리 오리나무 숲이
내뿜는 입김에 갈비뼈 아래가
흥건하지는 않았겠지요
허공이 꽉 물고 놓아주지 않은 몸뚱어리
무릎으로 기어간 자리 너덜너덜

바싹 마른 하루가 천 년 같았어요

방생

정월 초열흘
미꾸라지와 청거북 한 쌍을
강물에 놓아주었죠
저녁노을 내리는 강물에 나를 풀어준 것도
그때쯤
모난 돌도 둥글어지는 물이랑
그 깊고 거친 숨소리
철새들이 둥지로 날아간 뒤에 들었죠
아래로 아래로만 몸을 뉘이시던 물,
물속에 들어
수천수만 물의 혓바닥이 되고서
깊을수록 고요한 물의 겸허를 읽었죠
눈구름 몰려오지 않는 동안에도
나는 끊임없이 지느러미를 흔들어야만 했죠
헤엄쳐 간다는 것은
수면 위에 누워 있는 겨울바람과의 만남 같은 것
집채만 한 고요도
한 점 바람에 출렁일 수 있다는 것
나는 쉬지 않고 꼬리를 흔들었죠

봄 마중

마루 끝 봄볕을 즐기시던 할머니
날도 무딘 무쇠가위 챙겨들고
손톱을 자르신다

날카롭게 안쪽으로 닳아진 엄지손톱
"당최 눈이 보여야지"
볕이 좋아 무심히 흘려듣고
어른들은 그냥 하는 말인 줄 알았지

삼백예순다섯 날 야금야금 그 손톱
벼린 칼도 무색하게 나듬던 푸싱귀

손가락 끝 살갗을 잘라먹고
짓이겨진 속살에 한 뼘씩 키가 크고
봄바람에 꽃잎처럼 훨훨 가벼웠으니

내 몸에 파고든 봄볕이
비로소 심하게 요동치는 오후
무쇠가위 들고 구부린 할머니
봄 마중 나오신다

풀벌레에게 주는 말

여보게
자네 날개 비비는 소리에 가을이 깊어 간다네
들녘의 알곡들은 물론이고
하다못해 발에 밟히는 풀씨들도
으레 고개를 숙이는데
밤하늘에 떠오르는 별 좀 보게나
칠흑같이 어두워질수록 더욱 빛나지 않던가
오래지 않아 자네 주변 감싸던 풀잎들도
서서히 돌아갈 텐데
거친 숨소리의 내 발자국 소리 들리지 않나
난 자네처럼 풍류를 즐길 여유가 없다네
둔치가 흔들릴 만큼
고음으로 노래하는 자네에게 경의를 표하고 싶어
오늘 밤도 자네를 찾아왔지만
진정으로 충고하겠네
자칫 그렇게 즐기다보면 맹목의 세월 보낸 나처럼
쫓기게 될지도 모르니까
여보게!
자네 노랫소리 들리지 않으면
내 충고 기꺼이 받아들여

어디선가 열심히 살고 있는 것으로 알겠네

낙타 부부

가장 늦게 해가 드는 골목 안
노부부의 집에는
문짝 떨어져나간 냉장고와
부서진 의자도 한 방울의 피가 된다
볼이 발갛도록 온종일
조개껍데기처럼 버려진 고물을 찾아
언덕을 오르내린다
시간의 재가 타는 동안
마당 가득 쌓인 고물들, 빛바랜 추억을
뒤적이듯 쓸 만한 것을 골라
리어카에 차곡차곡 올려 싣고서
사막을 횡단하는 낙타처럼 집을 나선다
모래바람 풀풀 날리는 굴곡진 행로
언제쯤 초원에 다다를 수 있을까
수없이 무릎을 꿇던 낙타의 무릎이
어느새 각질처럼 두꺼워졌다
등 굽은 낙타 한 쌍
남아 있는 더운 피 한 방울로
모래벌판 위태롭게 건너간다

하나의 버튼

지금은 한랭전선이 득세하는 겨울
묵은 공간을 꽉 메운 냉기류
들어서기가 무섭게 난방기의 버튼부터 누른다
적도 남반부에서 밀려오는 따스한 바람이
강풍 스위치를 따라 거침없이 뿜어져 나온다
순식간에 훈훈해진 실내
지난여름 북태평양 고기압을
단숨에 차단시킨 냉방기가 급선회한 것
미세하게 얽혀 적도를 넘나드는 작은
내 머릿속 회로와 무엇이 다르랴
대양의 직시 열로 상승기류기 형성되는 적도를
상상해 본 적도 있지만, 외려
마음만 잠시 돌리면 냉기가 온기로 변하는
수천 개의 번쩍이는 전자 칩들
태초부터 세상은 그렇게 원 버튼이었을 것이다

變心

건너 마을 뉘 집 마당에
어젯밤 괴우怪雨가 쏟아져
손바닥만 한 잉어가 펄떡이더라는
풍문이 떠돌았을 때

호젓한 산길에서 만난 성황당
당산나무 그림자보다 훨씬 높은
돌무덤 앞을 혼자 지날 때
무언가 왈칵 달려들던 그 기분

내 뱃속 한 번 열어야겠다는
심각한 의사 표정을 읽었을 때
등골에 찬물 끼얹듯이 놀란 적도 있었지만

어젯밤
우북이 쓸어둔 눈 무덤이
흙먼지 끌어안고 스러지는 곳 지나다가
왈칵 무섬증이 드는 것이다

그토록 흉흉하고 무서웠던 것들이

별거 아닌 지금

산다는 것은
별채 처마 끝에 매달린 시래기 단처럼
젖은 나뭇잎 찾아 느릿느릿 기어가는 민달팽이처럼
오가지도 못하고, 멈출 수도 없어
백옥같이 고운 결도 그만
저벅저벅한 햇살에 글썽이는 진 자국
일순간 나를 보아버린 것이다

구름으로 하여

내 안에서 흘러간

흩어졌다 다시 뭉쳐

첩첩산중 오두막 같은

적막으로

그림자 지우며 흘러온

이분법

순전히 바람 탓으로만

여겼는데

여름 한철

장맛비에 젖는 것도

아주 높은

산봉우리가

내 안에 있기 때문이다

봄, 불

아직 찬바람이다
생솔가지 한 묶음 꺾어두고
봉분 옆 밭두렁에 불을 붙인다
부러진 억새잎이 축축하다
손바닥만 한 불씨가 남풍에
내 키를 훌쩍 넘어 혀를 날름거린다
생솔가지를 치켜들고 힘껏 두들겨도
도무지 잡히지 않는다
들을 건너
산에서 산으로 속진하는 불꽃
나는 눈을 뜰 수가 없다
입속에서만 맴도는
산불이야! 산불!

내가 눈을 떴을 때
앞산 뒷산
산벚나무에 활활 불이 붙은 뒤였다
내면 저 깊숙한 곳
사그라진 줄 알았던 불씨가
새삼 타오르는 날

달인

사시미칼을 쓱쓱 문지르는 횟집 조리사
하얀 모자가 굴뚝처럼 높다
뜰채로 물고기 한 마리 건져 올리는데
힘 좋게 펄떡이다 잠깐 죽은 척
큰 도마에서 눈 껌벅이는 물고기
날 선 칼끝 지나가자 껍질 벗겨지고
살점 얇게 여며지는데
마취를 했나? 입 다물고 움직이지 않는다
앞 뒤 살점 발라내고 갈비뼈 드러나
생의 마지막 작별이다 싶어
바라보던 사람들 눈감고 돌아서는데
조리사는 가시만 남은 물고기를
아무 일 없다는 듯 다시 물에 넣는데
화르륵 꼬리치며 다니는 저것 좀 봐
살아서는 볼 수 없던 내밀한 뼈들이 나를 찔러대는데
갑자기 산다는 게 무서워 숨이 멎는다
문득 조리사 하얀 모자가 도깨비 뿔처럼 보여
등줄기에 식은땀이 흐른다

수수목

가을 길
잘 차려진 밥상처럼 반듯한 밭머리
수수목이 붉다
오래전 놓쳐버린 내 귓속에 살아 있는 어머니 말씀같이
야물게도 여물었다
세상에서 고개 숙이는 일이 몸 안에 성전을 짓는 줄
진즉 알아챈 수수밭을 지나며
억새밭 뒹굴다 일어선 알몸처럼 이마가 서늘하다
아이 입술 같은 햇살
양 날개 활짝 편 풀뿌리의 상처 핥아주는데
구름 속 바람마저 환해 빗장뼈도 느긋한 가을길이다
바람의 정원에 둥지를 튼 수수목
유난히 부끄럼 많던 건넛집 누이 잇바디 같다
더없이 거룩한 여기 천지사방 나부끼던 내 속도 고개 숙이려나
밥상을 물린 듯 구불구불 멀어지는 오늘이 탱탱하다

복사기

소문 들었나요
짝퉁이 넘쳐난다지만 번개보다 빠르게
그것도 점 하나 틀림없는 속도를 목격하셨나요
깨알 같은 이야기도
두 배로 부풀려져 퍼져나가는 걸 보면
입 다물 사람 뉘 있겠어요
암튼 구미호의 꼬리도
이보다 길진 않을 거예요
어둡고 답답한 터널을 지나지 않고서는
환한 세상이 무슨 의미가 있을까만
실직한 누군가의 막막함 쏟아져 나올까 봐
저 무한대의 독선을 경계해야겠어요
아무렴 땅에 묻혀
새파랗게
봄을 밀어 올린 저 풀씨라면 모를까

상상화는 지는데

그녀의 숨소리는 모두 잎이 된다

그녀의 말은 모두 꽃이 된다

대대로 외고집 얼굴 붉히니

나를 물끄러미 세워둔다

먼 산 비둘기 소리에 가을비는 내리고

무심히 지나가는

산들바람에 뒤 한번 돌아볼거나

범부의 객담처럼 떨어지는 꽃무덤

앳된 소녀 긴 목이

우우, 깃을 치는 새가 된다

꽁초

이를테면 한 사내가 길을 걷다
무엇인가 던졌다면
그것은 꽁초가 아닐 것이다
미래에 대한 두려움
뱉어내고 싶은 한숨
금연을 강요하는 아내가 아니었다면
그는 결코
자신의 폐부 깊숙한 곳까지 태우고 남은
재나 다름없는 것을
그렇게 버리진 않았을 것이다
호흡 따라 사라지고
세상 밖으로 던져진
산화되지 못하고 이내 뭉개지는
저 작은 침묵, 불을 뿜던
연기는 모두 어디로 갔을까
사라진 것들로 힘을 얻는
그래서 더욱 새로워지는
비록 길바닥에 뒹굴어도
가슴 벌겋게 타올랐던
한 사내의 다짐인 것이다

3부
·
·
·
둥근 집

바겐세일

반값이란다

신발도 핸드백도 반값이라고
외치는 판매원이
서둘러 딸을 시집보낸 아버지처럼 보인다

신어보고, 메어보고
이미 전단지로 뿌려진 반 생
누군가의 손에 들린
구두코가 서럽다

반값이 되기 전에 서두르라고
세상은 다그치지만
꼭 입을 다문 핸드백 속에는
네 발을 가진 짐승의 일생이 요약되어 있을 것이다

저 가죽의 무게는
서둘러 떠나간 목숨의 값
뜨거운 울음이 담긴 핸드백 속 깊이를
가늠하기엔,
너무 화창한 날이다

둥근 집

산그늘 비스듬히

둥근 집

절 받으세요, 어머니

한 번 더 절을 올려야 한다니 하냥 서러워요

인기척 너무 멀어 푸른 바람의 길만 닦고 계셨나요

긴긴 겨울밤 서릿발에 날아오르던 잔별들 애잔해

다복다복 눈을 불러 두신 어머니,

한여름 더위에 겨드랑이 구멍 난 메리야스 벗어두고

수십 년 밀쳐둔 잠에서 깨어 앞산, 그

앞산 진달래

곱게 피어 소쩍새 울적 화전놀이 준비하고 계셨나요

꽃잎을 펼쳐 얹듯이

만개한 눈꽃이 내 시린 가슴에 얹혀요

안개비

흰 도화지다
먼 산 오솔길, 대밭길, 사라지고
시냇물 소리 가까워진다

겨우내 턱을 괴고 무얼 그릴까
씀바귀, 꽃다지, 툭툭 건드리고
구불구불 밭두렁 지나간 바람을 그릴까
방금 머리 감은 누이 귀밑머리처럼
애릿한 버들잎을 그릴까

낮은 지붕 서성이던 하늘이
마구 투덜댄다
자치기, 팽이치기, 연날리기,
이 골목 저 골목 뛰어놀던 머슴애들
엎지른 물감 연둣빛이다

강가에 버드나무 한 그루 얼른 세우고
가지 끝마다 물감을 찍어 바른다

개들이 짖어대고

열사흘 달밤이면
마루 끝까지 밀려오던 강물이 생겨나고
한나절도 안 되어 젖어버린 도화지

살구꽃

수런수런 앞마당이 환하다
연분홍 입술, 참새들도 기웃기웃 날갯짓이다
늑골마저 열어젖힌 산모의 이마에 봄볕이 그득하다
사흘이면 땅바닥 흥건할 젖비린내
한 여자의 신음에 태어난 백만 송이의 절정
소천小天의 늪 건너갈 바람결 연둣빛 무늬일 것이다
제 그림자에 등 세우는 헤픈 여자
환한 절정 뒤에
왈칵 밀려오는 그리움처럼
파란 열매 서서히 둥글어질 봄날이다

서랍 1

불 꺼진 밤
세상은 크고 작은 서랍이 된다
층층이 문을 닫는 그 저녁

어둠에 찰박이는 푸른 별 하나
정수리에 걸어둔 그 저녁

걸어온 길 반쯤 열려
덜 여문 수숫대처럼 머리를 쳐드는 그 저녁

희망을 꿈꾸고 있는 무덤들,
죄다 움직이는 것들뿐이다

이 층에서 우당탕 숨 고르는데
흰머리 꼭두대감 하늘을 훔쳐 달음질이다
사소한 보따리도 풀어헤칠 것이다

서류다발 같은 일상의 먼지
비릿해도 다시 열리는

서랍 2

헝클어진 옷들이 바람 부는 날 나뭇잎 같습니다. 허허로운 달빛도 들이고, 눈매가 매운 그 아이의 기억도 들이고, 당신이 두근두근 돌아와 내 기다림을 보신다면, 옹이진 사랑 고이 접어 닫겠습니다. 먼 데서 온 이슬까지 곱게 접어 닫겠습니다. 그래도 석류꽃 같은 그리움 붉게 터져 나오면 반쯤 열어 두겠습니다. 한나절 울다 간 때까치 다시 올 때까지 열어 두겠습니다. 깡마른 뼈 딱딱 부딪치며 돌아앉아 젖은 물기 닦겠습니다. 해가 천천히 떠오르는 아침, 토끼보다 귀를 높이 세워 무덤을 담보로 불을 놓겠습니다

서랍 3

 톱날에 쓰러지는 아카시아, 쿵! 저 깊은 수렁, 깊고 둥글어서 슬픈 것. 헝겊에 근사미*를 묻혀 바르자 거친 숨소리 하늘이 파랗다. 여물지 못해 버려진 콩깍지, 까치밥이 되어 남겨진 감들, 순하디 순한 송아지의 눈망울, 억수비도 삼킨 저 둥근 집들, 깊어서 슬프다. 세상에 상처 아닌 것이 없고 깊지 않은 것이 없는데 진물 삐죽이 배어나오는 집, 여러 개의 방에서 새어나오는 겨울바람소리 헐렁한 바지의 사내는 쾅쾅 문을 닫는다. 버려진 것들도 오래도록 간직할 서랍은 있다

* 제초제

못

사방연속 무늬 벽이다

수북이 쌓인 눈을 쓸지 않아도
더운 물로 수도꼭지를 녹이지 않아도
꺼져가는 연탄불에 번개탄을 넣고
눈물 찔끔거리지 않아도 되는

나는 벽이다

옹송거리는 발가락으로 아랫목
따습게 달구던 아이들
작은 밥그릇의 냄새로 둘러앉던 실낙원
늦은 귀가를 기다리지 않아도
쟁반 같은 달은 떠오르고
남풍이 불면 비가 오는데,

다섯 벌의 수저와
일곱 개의 도시락이
창가에서 나른하게 졸고 있는 오후
깊이 박힌 못이 빛난다

헐거운 옷가지들 걸려 있는

푸른 바다에게 고함

 수화기의 목소리는 격이 있었다. 조금 도와준 일에 감사의 뜻으로 걸려온 전화, 나는 목을 길게 빼 높은 산봉우리 올려다보듯 조아렸다. 이내 어느 고등학교를 나왔느냐는 물음이 외딴 섬처럼 쓸쓸하다. 무심코 던진 말에 머뭇거리다 집어든 소독 솜은 중학교 졸업이라는 알코올이 증발된 푸석한 솜, 뜨거운 피가 파도처럼 밀려왔다. 그지없는 바람과 새들의 발길에도 하염없이 푸른 바다에 고하노니 나는 누군가의 가시였고 또 누군가의 상처였으니, 아물지 못한 상처란 언제나 출렁이는 것. 바다의 뿌리가 거기 있었다. 파도는 바다에게 가시 같아서 출렁일수록 물빛 푸르러진다. 내 작은 몸 안에 여러 개의 섬이 떠있다

겨울 편지

눈이 내렸습니다
밀봉도 하지 않은 채 보내온
편지가 밤새 도착했습니다
가문 논바닥 같은 가슴의 누군가를 꺼내 읽고
두 눈에 촉촉한 물기 머금고 있을 것 같아
차를 몰고 밖으로 나왔습니다
하얀 도로 위에 듬성듬성한 쓰인 자음과 모음
맞춰 읽느라 달릴 수가 없었습니다
그날 나는 오랜만에 마음을
닦아내듯 와이퍼를 움직였습니다
밤하늘이 별이 질 때까지 읽어도
먼 길에 홀로 선 나뭇가지처럼
해석되지 못할 사연들
세상은 한 통의 편지였구나,
우표처럼 다닥다닥 머리를 맞댄 지붕들
조금씩 이마를 내미는 겨울

가을의 날개

한마당 펼치는 잠자리 떼의 군무
날개를 갖기 전 그들은 장구애비였다
아침이슬은 그들이 가지고 놀던 물방울 공깃돌,
종잇장처럼 바스락거리는 햇볕
바지랑대 끝에 앉아 빈집의 고요를
눈알을 굴리며 감지했었다
가을 하늘이 쳐놓은 촘촘한 그물망
붉은 날개들 원을 그리며 맴돌고 있다
텅 빈 듯 꽉 찬 허공으로부터 초대장
파란 카펫의 무도회장 여기저기 짝지어 춤을 춘다
왈츠와 환상곡 중간쯤 서녘 햇살은
갓 자른 반쪽 토마토 빛이다
산비탈 수숫대에 앉았다 날아간 중심마다
여문 씨앗들 톡톡 잠긴 문을 연다
저마다 뼈를 묻겠다고 아우성인 들판
바람의 악기는 심금마저 울려 땅 바닥이 흥건하다
언덕배기 사래 긴 밭
가을이 건너가는 길은 좁고 가팔라
흔들리다 앞선 가랑잎 배, 그대로 바람이 된다
저녁 해 어둑해지도록 나풀거리며

단칸방에서 열여섯 평 전셋집 사다리 오르듯 천천히
목 내미는 나팔꽃, 그늘에 앉아 단전에 힘 모았던 저 날갯짓
한 줌 햇살로 다독이는 어지럼증
뉘엿뉘엿 저녁노을이 곁에 와 눕는다

접착제

신발도 때로는 적의를 품는가
발을 뗄 적마다
내 몸 사뿐히 높은 곳으로 올려주던 신발이
진흙 밭도 아닌데 투덜거린다
함께한 시간 후회하듯 발목을 잡아당긴다
이런, 앞으로 나갈 수가 없다
험하고 휘어진 길에 떨어져 나간 밑창이 수북하다
생각해보면 지금껏
내가 신발을 신고 다닌 줄 알았는데
신발이 나를 끌고 다녔던 것
어떻게든 아주 떨어져 나가기 전에
접착제가 필요하다
상처 같은 건 감쪽같이 지울 고농축 강력접착제
그러나 분명 신바닥에도 분리된 밑창에도
모래알이 앙금처럼 박혀 있을 것이다
신뢰와 배척 사이에 끼어든 이물질
진통제 같은 사포가 필요하다
잠시
눈을 감고 기다리기로 했다

만기해제

  12,480원 통장에 넣고 돌아올 때면 가을 햇살 군불 지핀 구들장 같아 발끝부터 훈훈했었지. '단단한 땅에 물이 괴이는 벱이여' 그 말 가시처럼 목에 걸려 삼키지도 못하는데, 가난이 잡초처럼 무성하던 아버지 저승의 못물에 발 담그고 계실라나. 좀들이쌀 한 줌에 허기진 배 다독다독 오뉴월 긴긴 해 찬 물 한 바가지로 맞바꾼 어머니의 편지라도 한 장 날아들 것 같은 날이다. 지나가는 바람에 주문 걸고 십 년, 마술처럼 주문 외고 십 년. 아가야 우지 마라 눈을 뚫고 피어나는 꽃도 있으니 이 바람 자고나면 흔들리던 버들잎도 훨훨, 그게 꼭 이십 년이다. 만기해제 도장 찍고 팔백만 원 찾았는데 새삼 깊이 박힌 가시가 온몸에 못질을 한다. 내 작온 몸에 집 한 채 지어주는 날이다

오래전 나의 집

네 칸 뱃집 머릿방이었습니다
처마가 산마루에 닿아
이불깃 새로 언 땅을 밟고 지나던
달의 발자국 소리 간간이 들리던 곳

가슴 맞대고 모로 누워
더듬거리다 만져지던 시린 발가락
응어리진 냉기로 군불을 지피던 곳

가련교 난간 아래 허공을 저민 방마다
비둘기들이 부스스
둘째 아이 배냇짓처럼 끄륵입니다
갈대숲에 진을 친 바람도
가슴과 가슴 사이
벽을 허물지 못한다는 걸
붉은 부리가 말해주고 있습니다

밤새 언 가슴 말없이 조여
성긴 햇살 모아 깃털 추켜세우는
오래전 나의 집 같은

낙타

모래바람 분다
병실 밖 봄빛마저 잘게 부서지는 오후
얼마를 걸어야 오아시스를 만날 수 있을까
쌍봉처럼 드러나 보이는 목울대
눈을 감은 채 머리 숙여 걷고 있다
물 냄새를 찾아 한 발 한 발 내딛는다
계속되는 헛구역질을 받아 안은 아내의 손이
잔물결처럼 파랑친다
술 좋아하고 담배 좋아하고 놀기마저 좋아했다는
배불뚝이 그 남자, 경계를 허문 지 오래
삶의 경계에는 말기末期라는 말이 아무렇지 않게 박혀 있다
집안 가득 저녁노을 풀어놓던 어깨를 생각하다가
아내는 모래언덕 너머 죽음을 떠올린다
가랑이져 야윈 낙타를 밀고 가는 또 다른 낙타
봄볕에 휠체어 바퀴가 덜컹인다

고집

멸치를 볶다가 문득
바다 타는 냄새를 맡았다

마른 몸에 무슨 힘이 있다고
요동치던 바다 한 줌 쥐어와
내 앞에 풀어놓는 것일까

눈도 감지 못하고 침묵으로
바다뱀 같은 물미역 냄새로
나를 향해
시위를 하는 거다

혀도 입술도 굳었지만
넌 뼈대 있는 가문
뜨거워진 프라이팬에서
비늘 하나 굽히지 않는다

마지막 신음이듯 노릇노릇
그들이 뱉어낸 진액 한 방울
딱딱하게 굳어가도

내 몸에 들어와 헤엄칠 것이다

금낭화

보리죽을 끓이는 중이었다
아궁이의 생솔가지 바람에 길을 잃고
장독대에서 들려오는 여자 숨소리
붉은 목도리를 둘렀다
바쁠 것도 없이 살랑살랑
목도리를 흔들면 쏟아지는 봄 햇살
따스하다, 나는 한 번도
피어본 적이 없어
보리죽이 끓는 동안
두 편의 꿈을 꾸기로 했다
가는 허리에 주렁주렁 매달린 밥그릇
바람도 멈춰 설 것이고
햇살도 추를 잡아당길 것이므로
끓지 않는 보리죽을 탓하지 않기로 했다
아궁이의 불이 꺼질 것 같아
나를 태우기로 했다
팔을 분지르고 심장을 던져 넣었다
그 여자 붉은 부채를 펼쳐
연신 부채질이다
봄볕 가득, 보리죽이 끓는다

4부

위험한 노출

폐경

꽃이 진 자리

내 몸의 문 하나 소리 없이 닫힌다

사철 들락거리던 바람 뼛속으로 숨어

뿌리를 내리는지 관절 마디마디 삽질이다

삽질이 깊어지면 이랑도 깊어져

참새소리처럼 돋아나던 꽃기지들

문 밖의 저녁노을보다 곱기만 한데

가을엔 무서리도 꽃으로 피어

닫힌 문틈으로 햇살이 든다

무당거미

거미가 춤을 춘다
예닐곱 살 딸아이 촛대처럼 세워두고
오색 천 펄럭이며 당산나무 앞에서
굿을 하던 무당처럼
거꾸로 매달려 팔 다리 사방으로 내젓는다
군대 간 아들 이름 석 자 소지燒紙에 고이 적어
새끼줄에 꽂아 놓고 돼지머리 바라보며
엎드려 절하는 주조장 집 팔봉네나
집 나간 며느리 돌아옵사, 돌아옵사,
두 손 모아 빌고 비는 외딴집 시어머니
도처가 진공 무덤이다
성황당 돌무덤 너무 높아 내 방 천장에
길을 내는 무당거미
그 길에 포개지는 숫자 놀이며
우두둑 뼈마디 녹스는 소리며
무섬증에 식은땀도 연기처럼 날리던
저녁 오솔길이 빠르게 지나간다

위험한 노출

할머니 뼈 갉아먹고
언제 내게로 옮겨왔는지 골반에서 신호를 보내온다
근원지 밝혀보려 엑스레이실 침대에 누워 생각해보니
늘어진 뱃살, 허벅지로는 부족했던 것이다
드러난 내 몸
철심으로 박힌 내 뼈들이 대단해 보이는데
닳아진 골반 물렁뼈가 감나무에 걸린 연줄 같다다
눈금의 오차도 허용치 않는 뼈마디
경고 메시지를 보내느라 허연해졌을까?
거미줄도 바람 불면 흔들리는데
대낮부디 비틀대던 긴넛집 돌베 이버지
간장에 췌장까지 노출한 뒤 이태 만에 세상 뜨고
의상실 옆 중학교 구 선생도 생산 집 노출에 술렁술렁
소문만 자자하다 엊그제 세상 뜨고
아픔은 제 속에서 자라 무성한 노출을 낳고
화려한 열대 꽃이라도 심으려는지
따스한 피 돌고 도는 가슴 쓸어보는데
나도 몰래 뒤통수에 샛문 하나 있었는지
오소소 실바람 새어들고

지구를 열다

벌써 수십 년째
지구가 나를 감금했다
거듭된 수감생활에
빗장 꽂힌 벚나무들 속닥속닥 수상하다
막강한 힘을 가진 정예부대
발원지가 남쪽 어디라고 소문난 소총 부대원들
뒤따라 기관총 앞세운 잎들의
지원사격이 있을 거라고 믿는 눈치다
일시에 터뜨릴 거사를 모의 중이라는 정보다
지구를 폭파시킬 폭약을 장착 중이라는 소문이다
북쪽을 향해 총구를 겨눈다는데,
머지않아 화약 연기 피어올라
밤하늘 밝히면
집을 뛰쳐나온 사람들
지구가 열리는 환희를 목격하게 될 것이다
펑, 펑, 펑,
며칠간의 반란으로 감금된 계절이 열리는 순간
손목에 채워진 어두웠던 시간들이 빠져나갈 것이다
불온한 무리들 물리치고 나면
벚나무들 한층 힘 받아 푸를 것이다

부화

세상 열매들 꽃이 낳은 알이다
개망초 쇠비름도 귀를 대보면 용쓰는 소리 들린다
밤마다 발바닥 용천혈에 알을 낳고서 잠이 드는 나
부화를 꿈꾸는 알의 희고 물렁한 젖무덤
금방이라도 나를 일으켜 세울 것처럼
부풀어 올라 그만,
새가 되어 날아가고
물고기가 되어 헤엄칠,
저녁달도 늑골 안으로 들어와 따스하다
꿈이란 낡은 옷의 보풀처럼 자꾸 일거나
껍질을 깨고 나오는 둥근 힘 같아서
뒤척일 적마다
알을 낳고 헤엄치는 물고기처럼 꿈을 꾼다
나를 죽이는, 오장육부 조금씩 헐어지는
내 몸 어디를 만져도 뜨거운 피가 도는데
죽어버린 나를 태우는지
불길에 휩싸인 시월 능선을 보면
꿈은 그래도 유용한 것
석 삼 년 된 알들이 다 깨어나자면
한 오백 년은 더 걸리겠다

무죄

비는 내리고
두꺼비 한 마리 두 눈 깜빡이며
마당으로 기어 나왔다

엎드린 이마에서 빗물이 뚝뚝
들깨 모종 심던 엄마처럼
질퍽한 땅을 한 발 한 발 내디뎠다
곁눈질하면 금방 넘어질 것 같은 디딤돌
웅덩이 속 지렁이를 낚아채는 저 빠른 혓바닥
얼룩진 디딤돌에서 더운 김이 솟았다

"발에 흙 묻히지 않고 살면 얼매나 좋겠나"
"아무렴 비가 뼛속까지 파고들겠나"

그 디딤돌 밟지 않고는
한 발짝도 나갈 수 없었던 나처럼
대밭 어디엔가 분명
귀가 뻥 뚫린 새끼들이 있을 것이다

청보리 잎 같은 비 오래도록 내리고

간간이 들려오던 산꿩 울음도 사라지고
문득 앞산의 나무들
속옷까지 벗어던진 날이다

배경이 되다

길게 누워보았다
나를 배경으로 천장이 뒷걸음이다
언제부턴가 나를 배경으로
흰 벽과 천장이 맞물려 렌즈를 돌린다
조금만 더 가까이 앉아봐, 고개를 들어봐
텔레비전을 시청하는 내게
셔터를 눌러대는 저 꺽쇠다리
나는 헝클어진 머리채도 스스럼없이
움직이는 피사체가 된다
캄캄한 여백으론 배경을 넣을 수 없어
끝내 천장이 제 몸에 플러그를 꽂는다
플러그의 전율이 나를 깨운다
눈부셔, 눈이 부셔,
순순히 피어나는 식탁 옆 꽃 벽지,
속옷의 향기가 된다
배경을 즐기는 여백 앞에 무릎을 꿇는 밤이다
벽지를 뜯으면 쏟아져 나올 몇만 권의 앨범,
때론 과감한 노출도 여과 없이
저장해주는 여백,
모델이 된다는 것 참으로 매력 있는 직업이다

차곡차곡 저장된 기억들, 톡톡 튀어나와
뒷동에서도 충충이 불이 켜진다
밤하늘의 별무리들이
여백 위에
나를 붙들어둘 압핀처럼 반짝인다

소 4

투우장이다

시작 신호와 함께 뛰어나오는 소

오로지 붉은 깃발이 목표다

떠받고 넘어지고

숨을 몰아쉬며 내달린다

삶은 저렇듯 한 곳을 향해 치달아야 하는가

유전자 속 본능을 유감없이 발휘하는 저 집중력

쓰러졌다 다시 일어서 또 달려들고

온몸이 뜨거우니 두려울 것이 없다

한판 승부는

불같은 뜨거움 뒤에 찾아왔다

소 9

 어깨에 걸린 가방에서 송아지 소리가 들린다. 젖떼기 무섭게 멀리 보낸 그 송아지 울음이다.

 비 오는 날 흠뻑 들이킨 물, 한동안 심했던 갈증에 부풀 대로 부풀었다.

 죽어서도 끌려 다니는 짐승, 세상이 무덤 같아 밤마다 뜬 눈이다.

 뿔을 반으로 갈라 불에 굽고, 얇게 깎아 문양을 새긴 화각장, 봉황이나 연꽃으로 환생한 소뿔에 인고의 발톱 자국이 숨어 있다.

 이럴 줄 알았으면 쏟아져 내리는 햇살도 잘게 쪼개어 삼켜두었어야만 했다. 뛰쳐나가고 싶을 때마다 뿔을 세워 허공을 힘껏 들이받아야 했다.

 죽어서도 달아날 수 없다는 사실에 몸을 부르르 떤다.

 극장으로 숨어들어 해리포터 죽음의 성물에 몸을 맡겼다. 마법의 나라에서는 내 어깨에 날개를 달아주었다. 악마와 싸워 이기는 방법은 간단했다.

끝까지 포기하지 않는 것, 그리고 용기를 내는 것, 악마의 뱀이 내 앞에서 죽었다. 불이 켜지는 순간 내가 큰 짐승이라는 걸 알았다

손

주머니에 손을 넣었다
방전된 듯 캄캄해졌다

삶이란
하루를 풀어가는
서술형 문항들이다

손등의 잔주름은
내가 나를 필사해놓은
과거형 답안들이다

땅에 넘어지려는 순간
나보다 먼저 나를 받아 적는
저 뭉툭한 연필

삭제할 문장처럼
반달이 뜨고 진다

탐색하다

꼬마전구가 한 사람의 생애를 읽는다
입에서부터 항문까지
누구에게도 보인 적 없는 긴 통로
"떡 하나 주면 안 잡아먹지"
엄마의 떡을 뺏던 호랑이가
굽이굽이 넘을 적마다 위협이다
떡 하나씩 던져주며 넘어온 오십 고개
내시경의 불빛이 오십 쪽의 내 이면을 뒤적인다
육십 쪽으로의 선회는 디귿자 길이었다
나는 살 한 점을 뚝 떼어준다
주르르 피가 흘러도
구불구불 가야만 하는 길
한 모롱이 돌아서 또 살 한 점을 떼어준다
살아 있어 피가 붉다
아이들 생각에 아픈 줄도 모르고
다시 한 모롱이,
이번에도 살 한 점 떼어 호랑이를 달랜다
한 사람의 생애를 모두 읽은 꼬마전구
가만가만 잠든 내 몸을 빠져나온다

지금은 접속 중

전원을 넣자 은행나무에 불이 켜졌다
허공에 펼쳐진 홈페이지들
한낮의 햇살과 촉촉한 저녁이슬로
반짝이는 잎들을 내어 걸고
반나절 그늘도 고이 접어둔 방들
층층이 불 밝힌 아파트 같다
짹짹 참새가 자판을 두드리자
은행알 깜빡깜빡 알림방이다
채팅방 손님 1, 2, 3
들녘을 다녀온 참새 떼가
어둠을 끌어다 양 날개를 덮느라 소란하다
땅속 깊이 연결된 전류 따라
한꺼번에 모바일 서비스 접속 중이다
나도 숨죽여 가지 사이로 숨어들었다
고약한 냄새가 내 쪽으로 기울었다
잔가지들 서까래로 얹힌 집
오래된 목록 잎으로 날리는 집
발목이 뻣뻣해진 나무
전원을 뽑았는지 어둑해진다

물기를 짜다

손빨래한 옷가지를 세탁기에 넣었다
탈수 버튼을 누른다

가벼워지기 위해
거품 물었던 살비듬을 짜내고 있다

시를 써보겠다고 머리를 쥐어짤 때처럼
빙글빙글 돌아가고 있다

한 올 한 올
물기를 털이내는 일

통 속에 갇힌
혼자만의 지독한 싸움이다

따스한 관계

문틀과 문 사이엔 손잡이가 있지요
조금만 틀어져도 삐걱
틈으로 끼어든 빛이 작심한 듯 날을 세우지요

둘이 힘을 합할 때 비로소 따스한 방이 되고
밖을 경계하는 벽이 되지요

문이 열리지 않아 애태워 본 사람은 알 거예요
서로 맞물려 안으로 잠겨버린 날이면
분명 큰 다툼이 있었을 거라는 걸
키 센터에서 출장 나온 기술자 중재에
슬그머니 화를 푸는 두 고집쟁이

자주 밀고 당기고 부대끼다 보면
헐거워져 틈이 생기기도 하는가 봅니다
내게도 어느덧 저 헐거워진 문틀과 문처럼
바람과 빛의 흔적들이
나보다 먼저 누워 기다리는 것을 보면요

사십 년 넘게 내 등 뒤로 때 묻은 손잡이

문틀과 문은 따스한 관계여서
바람 앞을 지나쳐 쾅,
소리 내며 끌어안을지도 모릅니다

가스레인지

그는 우리 집에서 경계의 대상
'가스 불 확인 要'
현관문 붉은 글씨에 뒤를 돌아본다

밸브 하나에
무쇠도 녹일 듯한 불덩이 수만 번 가라앉는다

태양의 중심을 지나왔는지
밥솥이 울컥거리며 입덧을 한다
불꽃의 혀에 데었다고
속이 화끈거린다고 자꾸 뚜껑을 들썩인다

혓바닥 날름거리며 세상을 훔쳐보는 일
무엇이고 끓어 넘치는 습성은
대물림된 그의 내력

확, 내뱉는 저 뜨거운 몸짓에
내 건망증이 튀어나오고
가스불이 얼른 몸을 낮춘다

개미

 내가 거느린 식구들 숫자를 모른다. 거짓말 같지만 그들이 거처도 모른다. 다만 몇 조각의 과일과 약간의 빵 부스러기를 준비해 둘 뿐. 늦은 봄날 밤비처럼 찾아와 성찬으로 배를 불리고 돌아가는 그들을 방해하지 않을 뿐이다. 가끔 찾아오는 손님 앞에서 그들의 행적을 숨기기에 급급하던 내가 그들을 가족으로 받아들인 것은 적잖은 변화였다. 페르몬 같은 분비물이 어떤 농약보다 깨끗함을 알게 되고 그들의 출현을 두려워하지 않기로 했다. 분명 뒷방 어딘가에 서로 몸을 부비며 추위를 이겨내고 있을 것이다. 나는 앞으로도 그들이 머무르는 방을 찾아내지 못하겠지만, 온기가 남아 있는 부뚜막에 밥 한 덩이 마련해두고 부엌을 나오는 것이 내가 할 수 있는 전부다

배추밭에서

무서리 내리는 날 아침
속이 차오른 배추를 짚으로 묶어주었다
엎드린 내 눈에 못을 치는 자 누구인가
퍼런 진액을 흘리며
오로지 배추만을 향해 기어가는 애벌레
그동안 내가 총구를 겨눈 것들은
하나같이 도망을 갔다
발등에 앉은 모기, 밥상을 기웃대던 파리
줄지어 벽을 오르는 개미까지
내 총을 비껴 재빠르게 도망을 쳤다
저에게 총을 겨눈 나를 의식하지 않고
온몸으로 기어가는 애벌레는
제 몸을 구부렸다 폈다
먹고사는 일에 열심이다
나는 언제 저토록 땀 흘린 적 있었던가
어쩌면 오래전
제 몸의 일부를 내어주는 배추와
열애를 약속했는지도 몰라
나는 그만 총을 겨눌 수가 없었다

| 해설 |

붉은 상처 위에 꽃을 꽂다

마경덕 (시인)

　최정아 시인의 두 번째 시집 『봄날의 한 호흡』은 두 갈래로 읽힌다. 한 호흡처럼 짧게 가버리는 봄, 그 짧음에서 느끼는 '허무'와 눈부신 봄날에 '호흡'을 하며 힘차게 일어서는 '희망'이 그것이다. '허무'와 '희망'은 다르지만 한 몸으로 어우러진다. '울다'가 '웃는' 것처럼 격한 감정이 순해지기도 하고 돌연 감정이 격해지기도 하는데 모두 '한 호흡'이다. 시의 통로를 따라 들어가면 따뜻한 봄날이었다가 서늘한 시의 체온을 느끼게 된다. 시인이 가슴속에 그려진 풍경을 바깥으로 끌어내는 방법은 여러 가지가 있겠지만 최정아 시인은 '자연'과 '동물'을 통해서 밑그림을 그리고 생각을 덧칠한다. 시인이 성장한 환경과 무관하지 않을 것이다. 시에 내장된 힘은 무한한 에너지를 지닌 자연에서 발아했다고 볼 수 있다. 주변에서 흔히 볼 수 있는 것들이 시인의 언어를 통해 단단하게 시의 축을 이루는데「뒤뜰」도 그 중 하나이다.

> 뒷문 밖엔 이마 서늘한 그늘이 산다
> 저 늙고 병든 짐승
> 윙윙 댓잎같이 날 선 바람을
> 사철 등에 업고 산다
> 한나절도 못되어 슬금슬금 뒷걸음쳐
> 구석까지 밀려나 바싹 엎드린다
> 어둑발 들이치기 무섭게 몸져 누워버린
> 발톱은 늘 축축하다
> 마흔 해도 더
> 싸리꽃잎처럼 붉은 송아지 울음을,
> 자욱이 깔리는 저녁연기를, 사랑하면서도
> 한 발짝도 나서지 못해 괴괴한
> 열사흘 달빛에 곤두서는 털가죽
> 앞마당 가득 출렁이는 햇살은
> 뒤뜰에 엎드린 짐승의 뜨거운 입김이다
>
> ―「뒤뜰」 전문

'뒤뜰'에 사는 '그늘'이 늙고 병들었다니, 세상에! 그늘도 늙고 병이 드는가. 얼마나 오래 춥고 쓸쓸했으면 한나절도 못되어 슬금슬금 구석까지 밀려나 털 빠진 짐승처럼 엎드렸는가. 댓잎같이 날 선 바람을 사철 등에 업고 얼마나 따스운 바깥을 그리워했는가? 그늘을 헤집어보면 그 어둑한 그늘에는 많은 것들이 숨어있다. 詩가 되지 못한 파지 같은 날들, 송아지 울음과 저녁연기, 웅크린 짐승의 발톱, 바깥을 주시하는 반짝이는 눈빛⋯

　최정아 시인의 의식 속에 '각인된 그늘'이란, 눅눅하고 습한 곳이 아닌 '재생산'이 가능한 곳이다. 날마다 바깥을 동경하며 기회를 노리는 짐승이 살고 있다. 그늘은 시인이 붉은 심장을 숨겨두기엔 가장 좋은 '적소'이다. 무릇 시인은 혼자 놀기에 이골 난 자들이 아닌가. 하도 가지고 놀아서 번지르르 손때가 묻은 외로움도 숨겨 두기에 좋은 곳이다. 그곳에 시인은 아무도 몰래 "욕망" 한 마리를 키우고 있다. 늙고 병들었다는 건, 오래 기다린 자의 슬픔일 뿐, 열사흘 달빛에도 털이 곤두서는 예민한 짐승은 "날카로운 발톱"과 "뜨거운 숨결"을 가졌다. 발길이 뜸한 뒤뜰은 기다림의 장소이며 슬픔을 기록하는 치열한 곳이다. 겹겹의 그늘 속에 얼마나 많은 상처를 묻어두었는지, 그 짐승 같은 시간에 물리며 할퀴며 얼마나 붉은 피를 쏟았는지 가슴이 서늘해진다. 외로움이 묵으면 사나워지는데, 그 사나움은 타인이 아닌 자신에게 '발톱'을 들이밀기 마련이다. 최정아 시인은 그 외로움의 발톱에 수없이 할큄을 당했을 것이다. 또한 그늘은 시인이기도 하다. 한 마리의 "욕망이라는 짐승"과 오래 음지에 묻어둔 "詩와 슬픔"이 모두 어우러져 그늘과 시인은 동일하게 읽힌다. 어둑발 들이치기 무섭게 몸져 눕는 것은 그만큼 외부의 세계, 즉 미지의 세계를 동경하는 마음이 크다는 것, 최정아 시편에는 "말랑거리는 발톱"과 가슴을 서늘케 하는 "억센 발톱"이

동시에 숨어 있다.

> 창문이 덜컹거립니다
> 꽃사과나무 아래 앉았던 바람이 무릎을 폅니다
> 일을 시작하려나 봅니다
> 두들기고, 당기고,
> 점점 거칠어지는 풀무질 소리
> 계절의 첫 자락이 팽팽해집니다
> 내 머리카락마저 세공하려는 바람의 손길에 끌려
> 나는 꽃사과나무 아래 앉아봅니다
> 꽃피는 봄날 온다던 엄마는 바람이 여물어도
> 돌아오지 않고
> 그동안 써놓은 이력서가 뿌리처럼 깊습니다
> 오래된 기억을 마저 다듬어봅니다
> 불린 쌀에는 밥물이 얼마
> 배추 몇 포기면 소금이 얼마
> 내가 그동안 세공한 내용들입니다
> 경력란에는 죽어 썩어질 몸이라고
> 일러준 대로 적었는데
> 엄마는 썩지 않고 살아 있습니다
> 죽은 척 꿈쩍 않던 꽃사과나무가
> 바람이 걸어준 보석을 뽐내며 살아나듯 말입니다
> 당기고 두들겨 빚은 오색 빛깔이
> 내 몸 곳곳에서 나를 일으켜 세웁니다
>
> ―「바람의 세공」 전문

영영 오지 못할 것이 있다. 해마다 계절은 돌아오지만 이 세상을 떠난 이들은 다시 오지 않는다. 머리카락까지 세공하려고 달려드는 바람도 어쩌지 못하는 것은 가슴에 묻어둔 기억이다. "썩지 못하는" 기억은 곧 '그리움'이며 '상처'이다. 사과꽃이 피는 계절은 아름답고 눈부시지만 그 '찬란한 봄'을 나눌 상대가 없다면 상처는 "꽃보다 붉게" 터진다. 어린 딸에게 쌀을 안치는 법과 김치 담는 법을 가르쳐준 고인이 된 화자의 어머니는 아직 가슴에 살아 있다. 오랜 기억의 원리, 즉 '슬픈 이력'은 봄이면 다시 도져 나뭇가지에 주렁주렁 매달리는 것이다. 최정아 시인은 삶의 구체성으로 시를 결속하고 독자를 한 호흡으로 묶어둔다. 자연이라는 '오브제'를 사용해 '과거'의 '기억'을 '현재'와 '접목'하는 솜씨가 돋보인다. '상처'를 '순화'시켜 행간 사이에 은근슬쩍 끼워 넣는 시작법이 예사롭지 않다.

    기계주름이었죠
    물방울무늬, 세로줄무늬, 풀리지 않고 아무 데나 잘 어울리는
    때론 민무늬, 민소매도 격이 맞는 치마였죠

    다림질을 했죠. 지우고 싶은 기억 뭐 없나?
    뭉긋이 눌러 접은 주름이
    달동네로 올라가는 계단 같았죠
    한 계단 한 계단 올라가면
    오래전부터 거기 살고 있는

> 거친 숨소리가 들리죠. 마지막 계단
>
> 달빛이 내려와 쌓이는 꼭대기집
>
> 치맛말기처럼 아랫집들의 허리를 포개 안고 있죠
>
> 바닷가 저녁노을 같은 인어치마를 꿈꿔본 적도 있지만
>
> 짓물러 생긴 흉터 같은 거, 잊고 싶은 기억 같은 거
>
> 다림질로 꾹꾹 눌러 주름을 잡았죠
>
> 오늘은 파란색 민무늬 셔츠를 입기로 했죠
>
> 뭉게구름 두어 숟갈 곱게 떠
>
> 양 가슴에 주머니를 달기로 했죠
>
> 그리고 구름처럼 흘러가는 나를 바라보았죠
>
> 사람들은 모르죠. 주름치마가
>
> 상처를 숨기기에 안성맞춤이라는 걸
>
> −「주름치마」 전문

한때 유행했던 '주름치마'에서 연상되는 것은 '계단'이다. '접힌' 것에서 '오른'다는 것으로 바뀌면서 '계단'이 튀어나온다. '계단'을 숨차게 올라가보면 "달빛이 내려와 쌓이는 꼭대기집"이 서 있다. 시인이 경험한 삶의 형식은 무의식 속에 잠재되어 '상처'도 슬쩍 주름진 치마폭에 숨겨두었다. 그곳에서 노을처럼 물들며 동화처럼 아름다운 꿈을 꾸기도 했다. "상처의 허기"를 '그리움'으로 변환하는 과정에서 '자연'을 사용하는 것은 '시적 에너지'를 키우는 방법이다. 시인이 주목한 '밝고 긍정적'인 삶의 형상은 '상처'에서 변환된 '건강한 에너지'이다.

과거라는 시간에서 현재의 시간으로, 더 나아가 미래의 시간

으로 끌고 가는 힘은 최정아 시인의 역량일 것이다. '아래 두 편의 시에서도 '건강한 에너지'가 흐르고 있다.

　　반값이란다

　　신발도 핸드백도 반값이라고
　　외치는 판매원이
　　서둘러 딸을 시집보낸 아버지처럼 보인다

　　신어보고, 메어보고
　　이미 전단지로 뿌려진 반 생
　　누군가의 손에 들린
　　구두코가 서럽다

　　반값이 되기 전에 서두르라고
　　세상은 다그치지만
　　꼭 입을 다문 핸드백 속에는
　　네 발을 가진 짐승의 일생이 요약되어 있을 것이다

　　저 가죽의 무게는
　　서둘러 떠나간 목숨의 값
　　뜨거운 울음이 담긴 핸드백 속 깊이를
　　가늠하기엔,
　　너무 화창한 날이다

　　　　　　　　　　　　　　　　　　－「바겐세일」 전문

어깨에 걸린 가방에서 송아지 소리가 들린다. 젖떼기 무섭게 멀리 보낸 그 송아지 울음이다.

비 오는 날 흠뻑 들이킨 물, 한동안 심했던 갈증에 부풀 대로 부풀었다.

죽어서도 끌려 다니는 짐승, 세상이 무덤 같아 밤마다 뜬 눈이다.

뿔을 반으로 갈라 불에 굽고, 얇게 깎아 문양을 새긴 화각장, 봉황이나 연꽃으로 환생한 소뿔에 인고의 발톱 자국이 숨어 있다.

이럴 줄 알았으면 쏟아져 내리는 햇살도 잘게 쪼개어 삼켜두었어야만 했다. 뛰쳐나가고 싶을 때마다 뿔을 세워 허공을 힘껏 들이받아야 했다.

죽어서도 달아날 수 없다는 사실에 몸을 부르르 떤다.

극장으로 숨어들어 해리포터 죽음의 성물에 몸을 맡겼다. 마법의 나라에서는 내 어깨에 날개를 달아주었다. 악마와 싸워 이기는 방법은 간단했다.

끝까지 포기하지 않는 것, 그리고 용기를 내는 것, 악마의 뱀이 내 앞에서 죽었다. 불이 켜지는 순간 내가 큰 짐승이라는 걸 알았다.

―「소 9」 전문

 시인의 의식을 짓누르는 '상처'는 여러 곳에서 발견된다. 어두운 삶의 터널을 지나면서도 놓치지 않는 것은 '희망'인데, 「바겐세일」에서는 마지막 행에서 '화창'한 날씨를 보여주며 불안한 기류를 뒤엎는다. 누군가의 '죽음'을 '위로'하기에 날씨는 너무 맑고 화자는 '죽음'과 먼 거리에 서 있다. 「바겐세일」에서 "시의 중심"을 잡고 있는 것은 할인의 기쁨 뒤에 숨은 소의 '죽음'이다. '핸드백'이 되고 만 '소'의 울음이 반값이지만 시인은 그 반값의 '기쁨'에 머무르지 않고 먼저 짐승의 '목숨 값'을 생각한다. 쓸쓸한 '悲感'은 '반값'이라는 이익보다 앞서 작동한다. 세상에 하찮은 목숨이란 없다. 하루살이도 하루살이에겐 하나뿐인 목숨이 아닌가. 최정아 시인은 다양한 상처를 '객관화'하고 담담하게 치유의 가능성을 제시하고 있다. 「소 9」에서도 "끝까지 포기하지 않는 것, 그리고 용기를 내는 것, 악마의 뱀이 내 앞에서 죽었다. 불이 켜지는 순간 내가 큰 짐승이라는 걸 알았다"고 토로한다.

 내가 거느린 식구들 숫자를 모른다. 거짓말 같지만 그들이 거처도 모른다. 다만 몇 조각의 과일과 약간의 빵 부스러기를 준비해 둘 뿐. 늦은 봄날 밤비처럼 찾아와 성찬으로 배를 불리고 돌아가는 그들을 방해하지 않을 뿐이다. 가끔 찾아오는 손님 앞에서 그들의 행적을 숨기기에 급급하던 내가 그들을 가족으로 받아들인 것은 적잖은 변화였다. 페르몬 같은 분비물이 어떤 농약보다 깨끗함을 알게 되고 그들의 출현을 두려워하지 않기로 했다. 분명 뒷방 어딘가에 서로 몸을 부비며 추위를 이겨내고 있을 것이다. 나는 앞으로도 그들이 머무르는 방을 찾아내지 못하겠지만, 온기가 남아 있는 부뚜막에 밥 한 덩이 마련해두고 부엌을 나오는 것이 내가 할 수 있는 전부다

-「개미」전문

작품 「개미」에서도 시인이 뚜렷한 개성으로 자신의 음역音域을 구축해나가는 것을 알 수가 있다. 경험 속에서 우러난 생명의 소중함은 따스한 시선으로 바라보는 존재의 소중함이다. 삶은 단선적 질서에 의해 흘러가는 것이 아니라 복합적으로 얽혀 전개되고 갈등을 일으키지만 화자의 마음에서 '용서'와 '포용'이라는 질서가 자리를 잡는 순간 귀찮은 '존재'는 친밀한 '가족'으로 전환되었다. 드디어 '개미'를 '가족'으로 받아들인 시인은 그들의 출현을 두려워하지 않고 부뚜막에 밥 한 덩이 마련해두고 부엌을 나선다. 시인이기에 가능한 일이다. 이렇듯 엉뚱한 시인들은 어쩌면 현실에 가장 적응이 늦은 자들이다. 개미를 키우는 일은 분명 귀찮은 일이지만 시인이 '귀찮음'을 '긍정'으로 받아들임으로 건강한 에너지가 발생되었다. 개미는 시인에게 부지런함과 끈질김을 선물로 줄 것이다.

무서리 내리는 날 아침
속이 차오른 배추를 짚으로 묶어주었다

엎드린 내 눈에 못을 치는 자 누구인가
퍼런 진액을 흘리며
오로지 배추만을 향해 기어가는 애벌레
그동안 내가 총구를 겨눈 것들은
하나같이 도망을 갔다
발등에 앉은 모기, 밥상을 기웃대던 파리
줄지어 벽을 오르는 개미까지
내 총을 비껴 재빠르게 도망을 쳤다
저에게 총을 겨눈 나를 의식하지 않고
온몸으로 기어가는 애벌레는
제 몸을 구부렸다 폈다
먹고사는 일에 열심이다
나는 언제 저토록 땀 흘린 적 있었던가
어쩌면 오래전
제 몸의 일부를 내어주는 배추와
열애를 약속했는지도 몰라
나는 그만 총을 겨눌 수가 없었다

-「배추밭에서」전문

  무의식 속에 억압되어 있는 상처가 의식으로 떠오르는 것을 거부하려고 하는 경향은 누구에게나 있다. 이 거부의식은 「배추밭에서」 잘 드러난다. 화자가 수없이 총을 겨눈 상대는 하나같이 도망을 갔지만 정작 화자에게 누군가 들이댄 총부리는 모두 피할 수 있었을까. 잠시 약자인 배추벌레가 되어보는 순간, 측

은지심惻隱之心이 발동한다. 사람의 본성에서 우러나오는 네 가지 마음인 仁에서 우러나오는 측은지심, 義에서 우러나오는 수오지심, 禮에서 우러나오는 사양지심, 智에서 우러나오는 시비지심이 그것이다. 배추벌레를 대면한 화자는 배추벌레에겐 가장 두려운 천적이다. 화자가 맘 먹기에 따라 죽을 수도 있는 것이다. 하지만 나비의 유충인 애벌레는 세상을 아직 모른다. 오직 배춧잎을 향해 자벌레처럼 기어간다. 어쩌면 배추벌레는 그 위험한 순간에도 '날개'라는 꿈을 향해 달려가고 있었는지 모를 일이다. 목숨을 걸고 기어가는 배추벌레는 오직 배추만이 전부이다. 이때 최선을 다하는 것에 대한 '감동'은 화자의 마음을 돌려놓는다. 이처럼 연민어린 눈으로 세상을 어루만지고 한발 물러서는 최정아 시인의 시편들은 메마른 마음을 적셔주고 탁한 감정을 걸러주는 필터 역할을 하고 있다. 시인은 현실의 경계를 뚫고 나갈 때 시를 만날 수 있다. 자신의 영혼에 불을 당겨 발화하지 않는다면 시인의 마음이 독자에게 스미지 못할 것이다.

> 비는 내리고
> 두꺼비 한 마리 두 눈 깜빡이며
> 마당으로 기어 나왔다
>
> 엎드린 이마에서 빗물이 뚝뚝
> 들깨 모종 심던 엄마처럼
> 질퍽한 땅을 한 발 한 발 내디뎠다
> 곁눈질하면 금방 넘어질 것 같은 디딤돌

웅덩이 속 지렁이를 낚아채는 저 빠른 혓바닥
　　　얼룩진 디딤돌에서 더운 김이 솟았다

　　　"발에 흙 묻히지 않고 살면 얼매나 좋겠나"
　　　"아무렴 비가 뼛속까지 파고들겠나"

　　　그 디딤돌 밟지 않고는
　　　한 발짝도 나갈 수 없었던 나처럼
　　　대밭 어디엔가 분명
　　　귀가 뻥 뚫린 새끼들이 있을 것이다

　　　청보리 잎 같은 비 오래도록 내리고
　　　간간이 들려오던 산꿩 울음도 사라지고
　　　문득 앞산의 나무들
　　　속옷까지 벗어던진 날이다

　　　　　　　　　　　　　　　　　－「무죄」 전문

　가난이 죄처럼 느껴지는 이 시대, 가난은 죄가 아니고 불편할 뿐이라고 누군가 말했다. 하지만 불편을 견디며 살아야 하는 사람들에게 가난은 죄진 사람마냥 무거운 짐을 안겨준다. "비가 뼛속까지 파고 들겠느냐"는 말은 "설마 산 입에 거미줄 치랴"와 같은 맥락이다. 더는 갈 데가 없는 자신을 스스로 위로하는 말이다. 비를 맞으며 들깨 모종을 심는 엄마와 웅덩이 속 지렁이를 낚아채는 두꺼비는 모두 치열한 삶을 살고 있다. 화자에게 디딤돌은 질퍽한 흙에 엎드린 어머니이다. 대밭 어디엔가 먹이를 애타게 기다리는 두꺼비의 새끼들에겐 어미 두꺼비가 디딤돌이다. 모두 먹고 살기 위해 젖은 땅에서 비를 맞고 있다. 발에 흙을 묻히고 살아야 하는 엄연한 현실에서 탈출은 꿈도 꾸지 못할 일이다. 힘들고 질척한 풍경 앞에서 최정아 시인은 무릎을 꿇지 않는다. 청보리 잎 같은 빗속에 목청 좋은 산꿩을 등장시키고 앞산의 나무들을 속옷까지 벗겨 비를 맞힌다. 참으로 싱그럽다. 얼마나 건강하고 아름다운 생각인가. 순간, 가난은 저만치 물러서고 싱싱한 흙냄새가 대지를 적신다. 슬픔을 슬픔으로 말하지 않고 에둘러 말하는 방법이 더없이 애틋하고 감동을 준다. 시는 언어의 예술이다. 역동적인 힘은 활동活動 에너지가 되어 파문처럼 번져간다. 청승맞은 비가 들깨 모종에게 뿌리를 줄 것이라고 믿는 모녀에게 가난은 무죄이다.

여보게
자네 날개 비비는 소리에 가을이 깊어 간다네
들녘의 알곡들은 물론이고
하다못해 발에 밟히는 풀씨들도
으레 고개를 숙이는데
밤하늘에 떠오르는 별 좀 보게나
칠흑같이 어두워질수록 더욱 빛나지 않던가
오래지 않아 자네 주변 감싸던 풀잎들도
서서히 돌아갈 텐데
거친 숨소리의 내 발자국 소리 들리지 않나

난 자네처럼 풍류를 즐길 여유가 없다네

　　둔치가 흔들릴 만큼

　　고음으로 노래하는 자네에게 경의를 표하고 싶어

　　오늘밤도 자네를 찾아왔지만

　　진정으로 충고하겠네

　　자칫 그렇게 즐기다보면 맹목의 세월 보낸 나처럼

　　쫓기게 될지도 모르니까

　　여보게!

　　자네 노랫소리 들리지 않으면

　　내 충고 기꺼이 받아들여

　　어디선가 열심히 살고 있는 것으로 알겠네

-「풀벌레에게 주는 말」 전문

　자연 친화적인 최정아의 시편들은 풀벌레에게로 시선이 옮겨 간다. 감상에 빠지기 쉬운 소재임에도 그는 독특한 발상으로 구조의 완결성을 이루고 있다. 자연이라는 주제와 근접함으로 통일적 조화를 이루고 있는 것이다. 하나의 주제를 설정하고 집요하게 탐구함으로써 하나의 흐름을 갖게 되는데 그 흐름은 시인의 취향으로 나타나고 총체적 색깔을 지니게 된다. 어두운 곳만 조명해서 칙칙하다는 느낌을 갖게 되는 시가 많은데 필자 개인의 취향으로는 그리 좋아보이지는 않는다. 전염성이 강한 암울한 기운이 시 전체에 퍼져 독자의 기분까지 우울하게 만들기 때문이다. 최정아 시인의 시의 색깔은 짙은 녹색이다. 그 짙푸름에는 마치 「뒤뜰」의 그늘처럼 강한 삶의 의지가 들어 있어 삶의 의욕을 북돋아준다. 여러 굴곡을 거쳐 온 시인에게 모나지 않은 사고가 존재하는 건 필시 거짓 없는 자연이 준 혜택이며 가난하지만 사랑을 듬뿍 부어준 누군가가 곁에 있었다는 증거일 터, 이처럼 시간의 경계를 넘어 삶의 바닥까지 내려갈지라도 고통은 두렵지 않을 것이다. 아래 두 편의 시에서 시인이 넘어가야 할 가파른 경계를 잘 보여주고 있다.

    꼬마전구가 한 사람의 생애를 읽는다
    입에서부터 항문까지
    누구에게도 보인 적 없는 긴 통로
    "떡 하나 주면 안 잡아먹지"
    엄마의 떡을 뺏던 호랑이가
    굽이굽이 넘을 적마다 위협이다
    떡 하나씩 던져주며 넘어온 오십 고개
    내시경의 불빛이 오십 쪽의 내 이면을 뒤적인다
    육십 쪽으로의 선회는 디귿자 길이었다
    나는 살 한 점을 뚝 떼어준다
    주르르 피가 흘러도
    구불구불 가야만 하는 길
    한 모롱이 돌아서 또 살 한 점을 떼어준다
    살아 있어 피가 붉다
    아이들 생각에 아픈 줄도 모르고
    다시 한 모롱이,
    이번에도 살 한 점 떼어 호랑이를 달랜다

한 사람의 생애를 모두 읽은 꼬마전구

가만가만 잠든 내 몸을 빠져나온다

—「탐색하다」 전문

할머니 뼈 갉아먹고

언제 내게로 옮겨왔는지 골반에서 신호를 보내온다

근원지 밝혀보려 엑스레이실 침대에 누워 생각해보니

늘어진 뱃살, 허벅지로는 부족했던 것이다

드러난 내 몸

철심으로 박힌 내 뼈들이 대단해 보이는데

닳아진 골반 물렁뼈가 감나무에 걸린 연줄 같단다

눈금의 오차도 허용치 않는 뼈마디

경고 메시지를 보내느라 허연해졌을까?

거미줄도 바람 불면 흔들리는데

대낮부터 비틀대던 건넛집 돌배 아버지

간장에 췌장까지 노출한 뒤 이태 만에 세상 뜨고

의상실 옆 중학교 구 선생도 생산 집 노출에 술렁술렁

소문만 자자하다 엊그제 세상 뜨고

아픔은 제 속에서 자라 무성한 노출을 낳고

화려한 열대 꽃이라도 심으려는지

따스한 피 돌고 도는 가슴 쓸어보는데

나도 몰래 뒤통수에 샛문 하나 있었는지

오소소 실바람 새어들고

—「위험한 노출」 전문

엄마의 떡을 뺏던 호랑이가 이제 딸의 몸을 노리며 위협을 한다. 구불구불 한 모롱이 돌아서 또 살 한 점을 떼어주는 시인의 몸을 내시경이 탐색 중이다. 아픔은 무성하게 자라 할머니 뼈를 갉아먹더니 이제 골반에서 신호를 보내온다. '위험한 노출'을 감내하고 침대에 눕는 화자는 바람에 흔들리는 '거미줄' 같은 나이에 들어섰다. 불안은 고조되지만 화려한 '열대꽃'을 등장시켜 상처 위에 꽂아두고 아픔을 감내한다. 그것은 시인의 능청스러움이다. 조그만 일에도 온갖 포즈를 취하고 엄살 부리는 시들을 많이 보아왔다. 그 시들이 얼마나 가벼운지를 알기에 그 능청스러움이 듬직하고 반가운 것이다. 목마름의 '실체'가 다만 일상적 삶의 무료함에서 그치지 않고 자신의 '실체'를 찾아가는 치열한 작업이었기에 앞으로 詩作에 큰 힘이 될 것이다. 자신의 상처를 꽃으로 장식하는 것은 삶을 견뎌가는 내성耐性을 키우는 일, 오래 잠자던 시의 환부에 발톱으로 상처를 내고 시인은 그 상처 위에 붉은 꽃을 꽂는다. 오로지 시를 통해 숨을 쉬며 통증을 다스린 최정아 시인은 『봄날의 한 호흡』으로 파랗게 피어오르는 중이다.